中华爱国

人物故事

ZHONGHUA AIGUO RENWU GUSHI

一代爱国侨领陈嘉庚

孙成军　王　一　编著

吉林人民出版社

图书在版编目(CIP)数据

一代爱国侨领陈嘉庚 / 孙成军, 王一编著. -- 长
春:吉林人民出版社, 2011.5
　(中华爱国人物故事)
　ISBN 978-7-206-07849-1

　Ⅰ. ①一… Ⅱ. ①孙… ②王… Ⅲ. ①陈嘉庚(
1874~1961)-生平事迹 Ⅳ. ①K828.8

中国版本图书馆 CIP 数据核字(2011)第 075731 号

一代爱国侨领陈嘉庚

YIDAI AIGUO QIAOLING CHEN JIAGENG

编　　著:孙成军　王　一
责任编辑:孙　一　　　　　　　封面设计:七　洱
吉林人民出版社出版 发行(长春市人民大街7548号　邮政编码:130022)
印　　刷:鸿鹄(唐山)印务有限公司
开　　本:670mm×950mm　　　　1/16
印　　张:8　　　　　　　　字　　数:70千字
标准书号:ISBN 978-7-206-07849-1
版　　次:2011年5月第1版　　印　　次:2023年6月第4次印刷
定　　价:35.00元

总　序

胡维革

《中华爱国人物故事》是一套故事丛书。它汇集了我国历史上80位古圣先贤、民族英雄、志士仁人、革命领袖、先进模范人物的生动感人史迹，表现了作为中华民族优秀传统的伟大的爱国主义精神。

爱国主义是人们对于"生于斯、长于斯、衣食于斯"的祖国的一种神圣感情，是人们对于自己民族的一种强烈的责任感和使命感，是感召和激励整个中华民族的一面永不褪色的旗帜。在漫长的历史上，爱国主义一直激励着中华儿女为祖国的独立、统一、进步和繁荣而英勇奋斗。从伟大的思想家教育家孔子到统一全国的千古一帝秦始皇，从秉笔直书著《史记》的司马

迁到鞠躬尽瘁死而后已的诸葛亮,从伟大的浪漫主义诗人李白到精忠报国的民族英雄岳飞,从七下西洋传播友谊的郑和到抗击倭寇的民族英雄戚继光,从苟利国家生死以的林则徐到为变法流血的第一人谭嗣同,从威震敌胆的抗联将军杨靖宇到人民音乐家聂耳与冼星海,从踏遍青山人未老的李四光到万婴之母林巧稚,从县委书记的好榜样焦裕禄到情系雪域献身高原的孔繁森……都表现出了强烈的爱国主义精神。正是由于热爱祖国的人们前仆后继地奋斗,国家和民族才得以生存,历经一次次历史危急关头而能转危为安,走向兴盛和富强,从而屹立于世界民族之林。爱国主义是鼓舞中华儿女历经忧患、跨越沧桑、百折不挠、自强不息的伟大力量,它贯穿于中华民族的整个历史,并有力地凝聚着五洲四海的中国人。

爱国主义是一个历史的范畴,在社会发展的不同阶段、不同时期有着不同的具体内容。革命时期,需要我们为祖国的独立自主出生入死;建设时期,需要我们为祖国的繁荣富强增砖添瓦;在全国各族人民团结一心建设富强、民主、文明、和谐的社会主义现代化国家的今天,我们要争做一名新时期的爱国者。新时期的爱国者要有强烈的民族自尊心和自豪感。民族自尊心和自豪感是任何时期任何爱国者都必须具备的情感。民族自尊心能增强我们自立向上的恒心,民族自豪感能树立我们建设祖国的信心。要树立"祖国高于一切"的崇高信念,为了祖国和人民的利益不惜抛却个人的利益,甚至不惜牺牲个人的生命。要树立终身学习的理念,拓

宽自己的知识面,广泛吸收新知识新技术,完善自身的知识结构,更新学习知识的方法与理念,从思想上、知识上充分武装自己,为祖国的繁荣昌盛贡献力量。

　　爱国主义思想的继承和发扬,是关系到民族盛衰、国家兴亡的根本问题。一代代人爱国主义思想情操的形成,需要不断地培养。培养爱国主义的一个重要途径是向爱国主义的英雄人物和典范事迹学习。这套丛书的出版,对于人们向英雄和先进人物学习,特别是对于在中小学生中进行爱国主义教育,将可提供一些生动的教材。祝愿此书出版发行成功,为培养"四有"新人做出贡献。

于 2011 年 4 月 23 日

世界读书日

中华爱国人物故事

目录
CONTENTS

目 录。
CONTENTS

振奋人心的电报

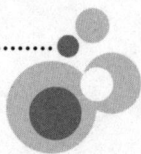

炮声隆隆，杀声阵阵。一道道火舌夹着凄厉的吼声，划破寂静的夜空，冲向天际，冲向一座座建筑，房屋倒塌了，大楼倒塌了。

大刀向鬼子们头上砍去

九一八纪念碑

　　惊慌失措的人们胡乱地穿上衣服，不知外面发生了什么事，打开收音机，里面嗡嗡乱响，什么也听不见。

　　人们只好在恐怖中期待，期待什么？谁也不知道。但从这震耳欲聋的枪炮声中，他们隐隐约约感觉到灾难又一次降临了。

　　这是1937年7月7日午夜。

　　炮声勾起了人们沉重的回忆，心中的伤口又复发了。六年前，同样的夜晚，同样的炮声，日本攻进沈阳，发动九一八事变，侵占了中国东三省，数千万中国同胞沦落在日本军人铁蹄的蹂躏之下，过着屈辱的亡国奴生活。

　　今天的炮声意味着什么？日本在北平附近驻扎了大

量军队，经常派人到北平打探消息，他们早就想侵略全中国了。

人们心中纷纷猜测着，他们知道，这枪炮声一定是由日本人引起的。枪炮声越来越激烈，人人的心越悬越紧。

第二天，人们聚集在收音机旁，一个清脆而又慷慨激昂的声音响起来了：

"昨天夜间，日本军队在卢沟桥进行军事演习，借

抗战纪念碑

卢沟晓月

口一名兵士失踪，要进入我宛平城搜查，其狼子野心非
常明显。被我宛平城守军断然拒绝。"人们听了，纷纷叫
好。

"日军见狡计不成，便向我宛平城开炮，并炮击卢
沟桥。我驻宛平城和卢沟桥守军奋起还击，经过一夜激
战，打退了日本军队的进攻！"

听到这里，人们齐声欢呼，"中国军队终于勇敢地向
日本侵略者开战了！"人们奔走相告，纷纷到前线慰问抗
日将士。

日本军队在卢沟桥的侵略行为失败后，立即从国内征调来大批军队。从1937年8月起，兵分三路，向中国发动了全面侵略战争，华北、华东、华中等地的中国领土，大片沦陷。

"东北危机！华北危机！中华民族危机！只有全中国人民团结抗战，才是我们的出路！"中国共产党发出了团结抗战，共赴国难的呼吁。

在中华民族面临亡国灭种的危急关头，国民党和共产党结束了长达10年的内战局面，握手言和，共同开赴

抗日名将——蔡廷锴

1941年的重庆

抗日战场，每一个有爱国心的炎黄子孙，都要为中国人民的反侵略战争贡献力量。

　　然而，在敌人的威逼利诱下，少数人动摇变节了，背叛了中国人民的伟大事业，向敌人屈膝投降，搞卖国活动，成为可耻的民族罪人。

　　国民党副总裁汪精卫，曾经追随革命家孙中山先生参加了反对清朝政府的资产阶级民主革命，那时，他曾经作为一名意气风发的革命志士而受到人们的尊重。后来，他变了，成为血腥屠杀人民、镇压革命的刽子手。

　　他在国民党中资格老，地位高。这次，在全国人民奔赴抗日战场、抵抗外来侵略情绪高涨的情况下，他却提出要对日言和，不顾日本侵略中国的事实，他提出要对日亲善。在他的影响下，国民党中一部分人开始动摇了抗战到底的信心和决心。

山城重庆，作为国民党中央政府的战时陪都，笼罩在一片投降和悲观的气氛之中。为了讨论战局，制定对策，1938年10月28日，在重庆召开了第二届国民参政会。

会议一开始，汪精卫就以国民党副总裁的身份发表谈话，散布投降论调，胡说中国武器不如日本，如果战下去，必定失败，主张采取和平的方式，牺牲中华民族的利益，同日本妥协投降。主张投降的人纷纷附和，汪精卫一伙气焰十分嚣张。主张坚持抗战的人，纷纷发表谈话，反对汪精卫的主和投降活动，会场上争论不休，十分激烈。

正在这时，一个工作人员从外面进来，说道："陈嘉庚先生来电！"

与会人员听了，心中一震，他们知道，陈嘉庚是代表爱国华侨来电陈述意见的，他一定能提出精辟的见解。

参政员们一致要求，让汪精卫把陈嘉庚的电报内容宣读一下。

汪精卫作为国民参政会主席，没有办法，只好拿起

陈嘉庚的电报，结结巴巴地念道：

"敌人未退出国土以前，公务人员谈和平条件者便是汉奸国贼论！"

汪精卫话音一落，会场上立即爆发出雷鸣般的掌声。人们被陈嘉庚的慷慨言词所激励，纷纷发表谈话，支持陈嘉庚的提议。汪精卫一伙投降派面面相觑，不知如何是好。经大会表决，陈嘉庚的提议很快被会方通过，"敌未出国土前言和即汉奸"的尖锐言词，给汪精卫投降派以沉重

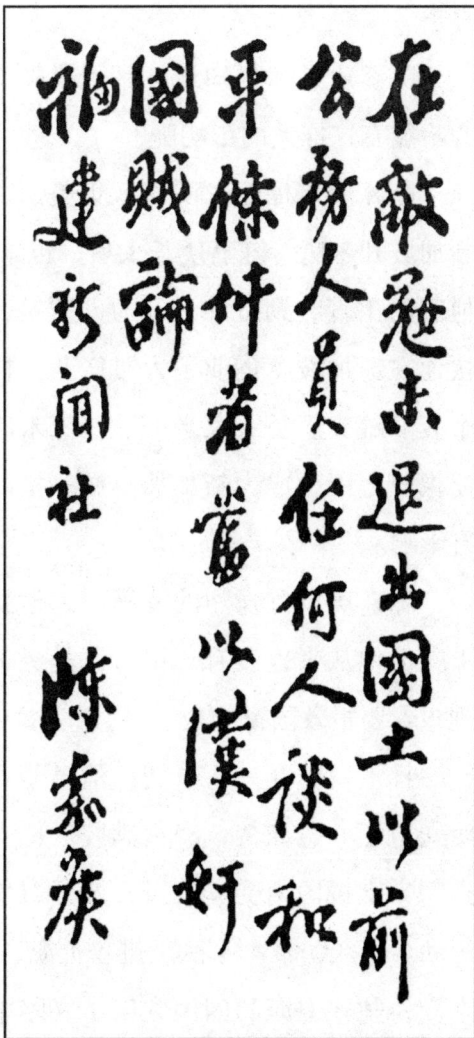

在敌寇未退出国土以前，公务人员任何人谈和平条件者当以汉奸国贼论

福建新闻社

陈嘉庚

1938 年 10 月，陈嘉庚著名的 30 字提案，被誉为"古今中外最伟大的一个提案"，有力地打击了妥协投降势力。

打击。

陈嘉庚是怎样知道汪精卫投降卖国活动的呢？他又为啥能有这样大的影响呢？

陈嘉庚是福建省同安区集美镇人，父亲是华侨，在新加坡开米店。陈嘉庚长大后，也来到新加坡创办实业，他聪明正直、勤奋好学，为人诚实，又能埋头苦干，很快他在新加坡就创业了大量产业，拥有两个橡胶园、四个菠萝罐头厂、一家米厂、一家米店，被人们称为马来亚橡胶之王，成为新加坡首屈一指的富翁，在华侨中很有影响。

陈嘉庚具有强烈的爱国心，他虽然可以称之富甲天下，但他从来也没有忘记自己是炎黄子孙中的一员，时刻想着要报效国家。

日本发动九一八事变，消息传到新加坡以后，陈嘉庚知道了心急如焚，怒火满腔。他立即组织华侨，捐款捐物，支援国内受灾难民，并号召华侨开展抵制日货的运动。不久，日本军队又进攻上海，发动了"一·二八"事变，驻守上海的国民党第十九路军在蔡廷锴、蒋光鼐领导下，奋起抗战，表达了中国人民抵抗外来侵略的坚强意志和不屈精神。陈嘉庚亲自给上海十九路军打来慰问电，并邮寄物资给上海广大抗战军民，坚持支援他们抵抗侵略的英勇行为。

　　陈嘉庚早就认识到，日本有侵略和吞并全中国的野心，它进攻东北、进攻上海，不过是个小小的序幕而已，大规模战争还在后面。因此，陈嘉庚十分关心国内时局，经常派人回国了解情况。

　　陈嘉庚在新加坡观望时局，心中十分不安，他从广播和报纸中得到消息，国内有人在搞主和投降活动了，他非常气愤。

　　忽然有一天，一个叫江朝宗的人来到新加坡。找到

蒋光鼐雕像

陈嘉庚后，他说自己也是福建集美人，和陈嘉庚是老乡。陈嘉庚听了，非常高兴，便和江朝宗攀谈起来，询问他国内战局如何。

江朝宗说话吞吞吐吐，先是说日本军队如何厉害，中国军队无法抵抗，节节败退。后来又说再打下去的话，中国非灭亡不可。陈嘉庚听着，心中忽然警觉起来，暗想：这个人到这散布悲观论调，究竟想干什么呢？

于是，陈嘉庚问江朝宗："依你看，中国如果坚持抗战的话，是非失败的了？"

"中国根本打不过日本，依我看，还是和日本讲和的好。再说，日本根本没有灭中国的意思，它只是想同中国加强合作，加深友谊。"江朝宗见陈嘉庚埋头沉思，他又继续说："依我看，还是同日本人合作的好。我和池尚同、王大贞等人已经商量好了，如果你能同意并支持我们的话……"

"不要说了。"陈嘉庚听到这里，已经明白了江朝宗的用意，原来是要拉拢自己去当汉奸的。陈嘉庚怒不可遏，他没有想到，国内汉奸活动如此猖獗，居然还跑来拉拢他了。陈嘉庚猛地站起身，指着江朝宗的鼻子说：

"你还是个中国人吗？汉奸、败类！你给我滚出去！"江朝宗灰溜溜地走了。

陈嘉庚夜晚躺在床上，辗转反侧，难以入睡，他仿

今日的新加坡

佛听见了日本进攻中国的枪炮声，看见了日本军队屠杀中国人民的血腥场面。他又记起了几年前的一件往事：

那是陈嘉庚17岁的时候。他乘船到新加坡寻找父亲。当船行驶到英国兵把守的圣·约翰岛时，几个凶神恶煞般的英国兵冲上船来，用枪和刺刀逼迫船上的中国人去岛上检查身体，他们说中国人是"猪仔，会带来瘟疫"。英国兵把中国人驱赶到一间大屋里，强迫他们脱光衣服，以检查身体为名，进行殴打侮辱。一个生病的中国人被扔进大海。中国人见了，非常愤怒，立即有个中国水手跳下海营救。英国兵一边喊着"不许救",一边用枪瞄准在海里挣扎的中国人。陈嘉庚忍无可忍,上前狠狠打了那个英国兵一记耳光。英国兵恼羞成怒,把枪口对准陈嘉庚。"混蛋,不许开枪!""揍死这个王八蛋!"周围的中国人暴怒了,一齐围上来,护住陈嘉庚,英国兵见状不妙,只好灰溜溜地离开。

这件事在陈嘉庚的心灵中,种下了民族仇恨的种子。今天,在日本大举进攻中国的紧要关头,又有人搞投降活动,他怎能不生气呢?

为了支援国内抗战,救济难民,在陈嘉庚的倡议和组织下,1938年10月10日成立了南洋华侨筹赈祖国难民总会,陈嘉庚被推选为主席,他在会上发表了热情洋溢的演说,提出"焦土抗战""全面抗战""长期抗战"口号,受到华侨们的热烈拥护。

正在这时,重庆国民党政府组织了由各界爱国人士组成的国民参政会,陈嘉庚作为华侨代表被选为国民参政会会员,邀请他去重庆参加会议。陈嘉庚忙于筹款工作,无法亲自参加,他痛恨搞投降活动,瓦解民心军民,于是拍了那封措辞严厉的电报。

在陈嘉庚等人的强烈抨击下,汪精卫一伙很快陷入孤立,他们偷偷地逃离重庆,成为可耻的叛徒卖国贼。陈嘉庚知道汪精卫公然站在日本方面、背叛祖国后,立

即给国民党中央政府发来电报，强烈要国民政府惩办汪精卫，"宣布其罪，通缉归案，以正国法，以定人心。"在陈嘉庚为首的广大爱国华侨和国内抗战力量的推动下，国民党政府宣布开除汪精卫党籍，并发出通缉令，大快人心。

東北烈士紀念館

為保衛民族而抗戰精神不死

為打倒獨裁而犧牲千古流芳

陳嘉庚敬題

大中華民國卅八年七月十日

东北发现陈嘉庚珍贵题词

难忘的晚餐

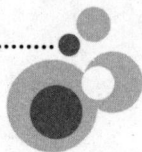

南京陷落后，国民党迁都重庆，党政要员云集山城，这里，成为中国新的政治中心。

这一天，重庆白市驿机场，挤满了人，国民党达官要人，排列成行，数千学生和群众高举标语牌："欢迎华侨视察团""欢迎陈嘉庚先生回国视察"等大幅标语在空中高高飘扬。

飞机降落了。陈嘉庚头戴黑色礼帽，手执手杖，满面春风地走下飞机，望着眼前欢迎的人群，他心中非常激动，他终于踏上祖国的大地了，可以亲自考察一下国内抗战情形。国民党政府代表迎上来。和陈嘉庚握手寒暄。正在这里，人群中爆发震天动地的口号声："打倒日本帝国主义！打倒汉奸卖国贼！""欢迎陈嘉庚先生回国！""全中国人民团结起来，共赴国难！"

陈嘉庚回过头，望了望群情激愤的人群，大声说道：

"同胞们，日本帝国主义侵略了我们的国家，掠我国土，坏我山河，每个炎黄子孙，都要团结起来，共同对敌，把侵略者赶出去！"

陈嘉庚话音一落，人群中立即爆发出阵阵掌声，像山呼海啸，震动了整个重庆上空。

当晚，蒋介石设宴款待陈嘉庚，国民党政府要人张群、何应钦等人作陪。宴席非常丰盛，张群等人频频举杯劝酒。陈嘉庚一面应付着，一面询问着抗日情况。蒋介石简单介绍了一下，便询问陈嘉庚此行有何感想。陈嘉庚笑着说："我初来乍到，对各地情况都不了解，怎么

1940年，老重庆最大的飞机场——白市驿机场

延安各界热烈欢迎陈嘉庚

能妄加评论呢?"蒋介石听了,连连点头,说要让陈嘉庚到各地好好看看,并安排国民党官员进行陪同。

共产党员董必武、林伯渠、叶剑英在重庆,听说陈嘉庚到来以后,立即驱车去看望陈嘉庚,他们谈了很久,给陈嘉庚留下了良好的印象,他决定要去延安看看,并希望能见到周恩来和毛泽东。

蒋介石知道后,非常恐慌,他采取多种方法阻拦,都没有成功。

在中国共产党领导人周恩来和朱德的精心安排下,1940年5月31日下午,陈嘉庚来到了抗日根据地后方、

中共中央所在地延安，受到延安军民的热烈欢迎。

在朱德等人陪同下，陈嘉庚兴致勃勃，他参观了延安的自然风光，站在宝塔山上，极目远眺，黄土高原像是一条俯卧的巨龙，把延安盘在中心，经历炮火的洗礼，延安古城已经是断壁残垣，地面建筑遭到严重破坏，烟熏火燎，城墙黄土都变成了黑褐色。

陈嘉庚长长地叹了口气，他想，如果停止战争，在这古老苍茫的大地上，会建立起一座多么美丽的壮观的城市呀。

"想不想见见主席呀？他可很想见见你哟！"朱德打断了陈嘉庚的沉思，和蔼地说道。

延安大生产运动

陕北高原

　　"当然想了，现在能见到他吗?"陈嘉庚回过神来，他早就听说过毛泽东的大名了，尤其是在重庆，共产党员叶剑英、林伯渠、董必武同陈嘉庚交谈时，详细介绍了毛泽东制定的持久抗战方针，陈嘉庚很赞同来延安的一个重要目的，就是要拜望一下中国共产党的领袖人物毛泽东。

　　傍晚时分，朱德和陈嘉庚等人来到了杨家岭毛泽东的住处，夕阳西下，把一抹余晖洒在大地上，显示出一种高原夜晚特有的宁静。陈嘉庚站在小山包上，望了望

眼前零散稀疏的普通窑洞，心想，毛泽东住在哪呢？这里可没有一所豪华像样的住宅呀。

正在这时，朱德说话了："看，毛主席出来接你了。"

陈嘉庚顺着朱德的视线望去，前面不远处，一个低矮的窑洞门口，站着个穿灰色军装、身体魁梧的人，正向自己这边张望呢。"他就是毛主席。"朱德小声地说。

陈嘉庚快步向前走去，紧紧握住了毛泽东的手，"欢迎你来延安参观考察呀！"毛泽东热情地说。陈嘉庚一面同毛泽东寒暄着，一面走进窑洞，抬头一看，不由暗自佩服，毛泽东身为中共最高领袖，住的地方居然是这样普通简单：屋内只有一张旧的写字木桌，一张硬木板床和几把椅子，木桌上放着个粗陋的搪瓷缸子，可能是毛

延安杨家岭革命旧址

延安宝塔山

泽东用来喝水的。

毛泽东和陈嘉庚交谈了很久，互相交换了对抗日前途的看法。毛泽东思路敏捷，谈话风趣诙谐，屋里不时传来阵阵笑声。正在这时，一个警卫员走进窑洞，在毛泽东身边轻轻地问：

"主席，快吃饭了，需要准备些什么?"

"陈先生是贵客，要好好招待一下!"毛泽东挥挥手。警卫员出去了，毛泽东笑着对陈嘉庚说："陈先生呀，延安条件艰苦，可我们还得填饱肚子呀，走，吃饭

去。"

陈嘉庚站起身，和毛泽东一齐来到窑洞外面空地上，这里有一张大圆木桌，四周已经摆好了凳子，几张白纸放在桌子上。毛泽东和陈嘉庚在桌子旁边坐下，朱德等人也过来了，他们十几个人围坐在一起，有说有笑。不大工夫，警卫员端来了一盆小米饭，摆在桌旁一个木凳上，又端来四盘小菜，原来是一盘炒土豆，一盘炒辣椒，一盘霉豆腐，另加一碗红烧肉，是专门为陈嘉庚准备的。众人正要动手吃饭，忽然一阵风吹来，桌上的餐巾纸被

延安宝塔山上的宝塔

革命圣地延安枣园

刮掉了，毛泽东见状，立即微笑着吟了一首诗：

"大风起兮云飞扬。威加海内兮归故乡。安得猛士兮守四方。"

朱德听了，接过来说道："古代的刘邦，一统天下之后，还知道招募天下英雄，固守国土，可惜呀，今日日寇侵略我国，有些人不但身为高官，不思救国抗战，反而搞投降卖国活动哩。"

毛泽东看了看陈嘉庚，说："陈先生一心爱国，精神可敬，您为中华民族做出了光辉榜样哟。我代表敌后军民敬陈先生一杯！"

　　陈嘉庚急忙起身相让，毛泽东破例喝了一杯酒，红光满面，和陈嘉庚等人谈笑风生。陈嘉庚感觉到和毛泽东在一起，轻松愉快，饭菜虽然简单普通，但中共领导人这种朴素的作风和蒋介石国民党官员的奢侈形成鲜明对照，从毛泽东等人的身上，陈嘉庚看到了中国的新希望，他高兴地说："这是我有生以来最难忘最高兴的一顿饭啊！"

延安革命纪念馆

号召机工回国服务

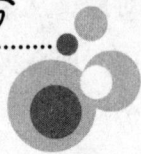

"南洋华侨机工"（以下简称南侨机工）这一称谓，代表着抗战期间3193名自新加坡、马来西亚等地回国参加抗日运输工作的爱国青年群体。

1938年10月，上海、武汉、广州相继失守，抗日战争进入艰难的相持阶段。祖国大陆沿海各省均被日军占领，海上运输全被切断，广九铁路亦被占领。当时的祖国大陆缺乏工业基础，大部分武器靠国外购入，即使后来开辟驼峰航线，但由于日机的轰炸及各种条件限制，空运补给能力有限，远远不能满足中国抗战的庞大需要。另外中国的对外贸易，特别是出口，大部分也依靠陆路运输。所以，国民政府只能在陆路运输上想办法。为此，国民政府决定加紧在西南大后方修筑两条公路：一条从云南昆明经开远—蒙自—屏边—河口南出国境直抵越南河内，即滇越公路；另一条从昆明—楚雄—下关—保山

一潞西到畹町出国境同缅甸公路相接直达仰光，即滇缅公路。这两条公路后来成为抗战时期祖国大陆进出口的生命线，沿海港口被侵华日军封锁，其中新开辟的滇缅公路成为抗战时期中国对外唯一的国际通道。当时，国际援助中国抗战的救援物资都要经过这条公路运往国内。

由于缺乏司机，这些救援物资不能安全抵达国内，时任"南洋华侨筹赈祖国难民总会"主席的陈嘉庚，认为此事事关抗日大业，义不容辞，立即召开南洋总会专门会议，陈嘉庚2月份在南洋随即发表了《南侨总会第六号通告》，决定采取：一、在各地华侨报纸上发布第六

穿戎装的南侨机工

号通告招募；二、直接分函各地属会，要求"从速进行办理"，为祖国抗日输送最优秀的志愿者。在南侨总会及其所属筹赈会的发动和组织下，当即在2月8日刊出招募机工的广告。广告一出，立即得到新加坡、马来西亚等地南洋华侨青年积极响应，报名踊跃。据陈嘉庚先生回忆："有一修理机工在南洋十余年，每月收入新币200余元，自甘牺牲，并招同伴10余人，并自带其机器设备前往祖国。""槟城槟榔摩汽车修理厂的一位师傅，还带着两位徒弟一道回国"。号召华侨中的年轻司机和技工回国服务，与祖国同胞并肩抗敌。

陈嘉庚发出号召，当时中国沿海许多地方都已被占领，海外华侨痛感祖国处在国破家亡的水深火热中，所以很快便不断地有人报名，第一批就召集了80个人，称"八十先锋"，于农历除夕那一天出发，奔赴昆明滇缅公路。国际援华物资只能通过这条通道运输到国内，滇缅公路就成了抗战的生命线，或者叫作抗战的"输血管"。

由于对机工年龄（40岁以下20岁以上）身体素质要求较严，一些不符合条件的青年甚至想尽办法，蒙混过关，如虚报岁数，小的报大，大的报小。机工要求男性，有的女青年就干脆学花木兰来个"女扮男装"。李月美女扮男装参加机工队直到翻车受伤后，人们才发现她原本是女儿身。当时海内外舆论盛赞其为"当代花木兰"、何

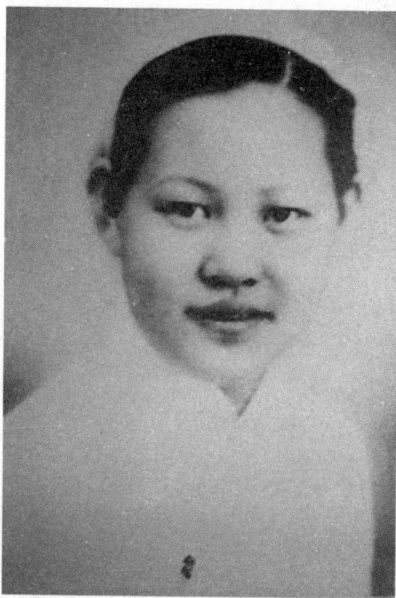

左图，李月美转而做护理伤病员工作，成为白衣天使。右图，身着戎装的李月美。

香凝曾题赠"巾帼英雄"锦旗一面。

当时马来西亚槟城有一位汽车驾驶员师傅，3岁的时候母亲带他来槟城找父亲，到了槟城后没多久，父母都去世了，他是由祖母养大的，和祖母感情非常深，陈嘉庚发出回国为抗战效力号召的时候，他很想回国，但是祖母老了，这一去也许就是永别。思量再三，他悄悄地找来一些朋友做个交代，请他们帮忙照顾祖母，估计两年，抗战一定会胜利，到时一定回来膝前尽孝。离开之前的晚上，他在祖母门前长跪不起："对不起了，奶奶，忠孝不能两全。"就离开了。

有一首诗，就是写南洋机工在新加坡养正学校的翠兰亭上誓师出发，机工蓝洲举与未婚妻徐妹春光荣诀别的一幕。

翠兰亭上的忧郁（1934年）

南洋技工

榴莲花落了!

榴莲花落了!

三月的热带,

无云的蓝天,

太阳在椰树枝头瞪着血红的眼。

温和的海风!

你,吹向哪儿去?

热,热火燃烧了

赤道上,中华儿女的心坎。

在离开了娘胎的日子起,

他们从没有继承过祖国温情的哺养,

可是异域的飘零味,

没有把他们一颗怀乡的心杀死。

"我们是唐山人!"

各样的中华语言,

叙述者各自对北国的

锦绣江山的怀恋。

在北马的佛朗场上,

在柔佛的树奶园里,

在婆罗洲的煤油池边,

在乡村,在都市,

你们这一群罗里车夫,

只凭着一双粗臂膀，

在漫长的柏油路上，

神魔似的飞跑。

凄凉的雨季，俊俏的山坡

曾经折磨着你们的命运的路！

"要吃饭就得受苦！"

你们以自信来养活一家大小。

可是东洋出了恶鬼！

二十个月头里，

烧杀了整个母国的原野，

北平，上海，南京，

喔，厦门，喔，

占了广州！

喔，又打河南！

家园被践踏了！

同胞被屠杀了！

……

谁受得了心灵的痛苦？

"我们可以投军的罢？"

"你们是海外生长的，

冰天雪地，

吃不了那样的苦！

你们还是出钱救国罢!"

是谁这样回答,

热汤搀了冷水,

忧郁感染了风尘的脸。

谁受得了心灵的痛苦?

"我们可以投军的罢?"

"你们是海外生长的,

冰天雪地,

吃不了那样的苦!

你们还是出钱救国罢!"

是谁这样回答,

热汤搀了冷水,

忧郁感染了风尘的脸。

忽然一声霹雳:

"招募司机工人一千名

凡身家清白身体强健

年龄在三十以下均可。"

筹赈会出了通告,

"是男儿报国的时候了!"

这回,欢笑弥漫了你们黧黑的脸,

从霹雳,

从雪兰莪;

彭亨，柔佛，

海岸，山芭，

你们抛下了年老的父母

丢下了妻儿男女，

"回到祖国去了！"

你们骄傲地笑。

蓝洲举，

他先撇下了多情的南国妻子，

一只小皮箱

也加入了机工的队伍。

"机工回国了！"

新加坡的街头巷尾，

人们用崇敬的眼光，

注视着机工的黄制服在摇晃。

是一个晴朗的上午，

雄踞在养正学校后山的翠兰亭上，

聚集了许多欢送的男女老小。

当激越的歌喉飘出了高昂的调子，

蓝洲举身边忽地来了一位女子，

秀眉大眼

结实的身段

是美丽的少女。

"喔!"蓝洲举想起了,

他只呆盯住那女人被热情所烧红的脸
孔,

"两年前订婚的!

是我未婚的妻子

贵州二十四拐处

徐妹春小姐!

可是为国牺牲,

这是悲壮的离别,

叫我对她说些什么?"

两对眼睛在倾吐着无言的蜜语,

沉郁开始感染两颗心坎,

回忆的波浪激动了徐春妹的脑海——

"虽然是父母之命,

声气相投,

我们都是劳工的儿女!

爹娘是到了六十的年纪。

白发苍苍,不会做工,

坐吃山空,

全靠他帮助柴米。

榴莲树下,

我们曾经手携着手:

只要省吃俭用,

上天有眼,以后总有好日子!

如今,他为国离家,

回到唐山,

不是三年,恐怕也要五载!

他去了,他去了,

有什么话可以安慰。"

忧伤的刀子割裂离人的肺腑！

两泡眼泪挂在她的腮边了。

"生离死别，

这年头可算得什么？

是中华的儿女，

难道记不起几千万同胞的惨死？

洲举！你是大丈夫，奇男子，

应当为过去报仇雪耻。

我们虽然有了爱情，

今天也不是欢乐的日子！

去吧，去吧！

赶走了倭奴，

妹等你回来结成夫妇。

我是客家子女，

挑水砍柴，

吃得起人间的千辛万苦！

洲举，为国珍重罢！

切莫看见了他乡的妇女，

变坏了心肠！

如果战死呢？

你就流着光荣的鲜血吧！"

在热烈的掌声里，

蓝举洲承应了：

"贤良的徐姑娘，放心吧，

谁违反了誓言，

日后叫国家社会来制裁！"

没有离别的哀伤愁怨，

为着四万万人的自由，

他们被欢欣鼓舞了！

是好男儿，

应当为国报仇雪耻！

徐春妹，脸上浮起了光荣的彩霞！

（1939年4月3日《狮声》副刊）

在严格筛选下，第一批志愿人员80人（其中新加坡华侨32人，马来西亚华侨48人）就全副戎装在新加坡登上一艘法国邮轮经越南抵达昆明，这支队伍被命名为"南侨机工八十先锋队"。此后，半年内又有15批机工相继回到祖国参加抗日。连同第一批在内一共有3193人，其中有4名为女性。他们来自南洋各地，他们中既有普通司机，也有富家子弟、工程师、学生等，"几乎每个人回国来参加抗战的经过，都是一段可歌可泣的史实！"

南洋机工抵达昆明后，先接受为期两个月的军事训

练，之后由西南运输处正式编队分配。分为六个大队派往滇缅路服役，其中南侨司机占1400多人，卡车1200多辆。其余的南侨司机则编入混合大队，与国内机工并肩抗日。南侨修理技工除一小部分随队担任抢修工作外，其余分配到芒市、保山、下关、昆明、贵阳、重庆等地方汽车修理厂工作。有些机工还被派往湖南、广东及越南、缅甸等地服役。大多数集中在滇缅路服务。据统计，常年来回奔驰在滇缅公路上的运输车辆多达3000辆以上，其中近1/3是由南洋华侨机工驾驶的。

南侨机工回国参战

南侨机工不同于当时的任何一支抗战队伍。他们身份特殊，经历过外部世界，有着不同于国内同行和一般人的观念与视野。他们大多读过书或上过夜校，有的读过大学，有文化、有教养；他们大多受过专门训练，在现代公司、企业工作过，精于技术，懂得社会生产生活所应遵循的原则；他们毕竟是在多元种族、多元文化的环境下成长，普遍具有宽容的胸襟，良好的素质。

正因为如此，他们为抗战服务和所做出的贡献，也是多方面的。他们既可以当运输兵、修车工，又能当教官培养国内司机。在工作需要时，他们也能胜任英语、马来语、泰语、印度语、法语翻译，并为盟军搜集情报等。

同时，他们遇到的困难也比国内同行多得多。他们来自侨居地，有的世居海外，已是第二第三代侨民，除了要克服工作条件差、环境险恶所造成的种种困难外，还要面对思想观念上的差异、生活习惯上的不适应，以及某些官僚制度、人事关系方面意想不到的麻烦。但是他们个个坚守岗位，忠于职守，勇往直前，无愧于"华侨机工"的光荣称号。

滇缅公路蜿蜒于海拔500至3000多米的横断山脉中，全长1146公里，由昆明至边镇畹町为959.4公里，由畹町至缅甸腊戍为187公里。沿途悬崖、峭壁、陡坡、急

弯、深谷不计其数，还要跨越怒江、澜沧江等湍急河流。一路崖陡路隘，行车非常艰险。有一些南侨机工就是在这一个个险段上以身殉职的。英美盟军的司机行车到这一地段时，大多数要请南侨机工代为驾驶。再加上大山中的瘴气和毒蚊，许多机工患上疟疾。当时，整个大后方治此病的金鸡纳霜非常缺乏，许多机工由于环境恶劣，未能及时治疗而身亡。在如此险恶的情况面前，3100多名南侨机工毫不退缩，他们和6000多名国内卡车司机和机修人员一起，日夜不停地奔驰，为祖国输送抗日物资。面对敌机轰炸他们出生入死，恪尽职守。在滇缅公路上，

连接滇缅公路的惠通桥

常常能见一条醒目的标语："一个华侨能出力，十个敌人九不回！"。

1941年1月23日，功果桥被日机炸断，日寇宣称，"滇缅公路已断，三个月内无通车希望"。然而，聪明无比的南侨机工却从附近仓库中用成百个汽油桶和木板，仅10个小时就用钢索扎起长达300米的大浮桥，冒着巨大的风险把满载军火物资的车队开过江去，保证了这条抗日大动脉的畅通无阻。

1940年7月17日，屈服于日本法西斯的压力，英国政府宣布自7月18日下午6时起封闭滇缅路。在短短的一天时间内，南侨机工们迅速组织突击抢运，不分昼夜，不顾疲劳地将大批军用物资运过国境。3个月后的10月18日，滇缅路重新开放。此后，一直到1942年5月，滇缅公路被日军切断前，南侨机工们共抢运了45万吨以上的军火物资，极大地支持了祖国的抗战事业。其中仅1941年一年就运入机枪、炮弹、汽车、各种药品等达13万多吨。

1941年12月，太平洋战争爆发，日军进攻缅甸，应英国政府的要求，也为了保卫这条极为重要甚至是最后的国际交通线，当时的国民政府把第5、第6和第66军编组为中国远征军，先后开入缅甸对日作战。此时南侨机工不仅要抢运抗战物资，又担负起运送10万中国远征军

义卖、义演、义捐活动——献车

入缅作战的任务。从1942年3月到4月，远征军先后在同古、仁安羌、腊戌等地同日军作战。仁羌战役解救出被日军包围的7000多英军。由于丘吉尔政府没有防守缅甸的决心和准备，作战中又歧视中国军队，未能与远征军很好配合。而蒋介石又处处迁就英美，致使远征军连遭损失。1943年3月，仰光被日军占领，4月底至5月，远征军陆续退却，南洋机工又担负起运送远征军撤退回国的任务。4月腊戌失陷后，日军装甲车利用滇缅公路向中国推进。1945年5月初，云南边境畹町失守，日军冲到怒江惠通桥西岸，中国军队不得已炸桥阻敌。数百名南侨机工和近千辆汽车以及几万侨胞被阻在对岸，无法渡过怒江。无法撤回的南侨机工在放火烧毁卡车和未运出的物资后，一部分冒险泅水渡过怒江，一部分就地参加游击队，最终未能逃脱日军魔爪而惨遭杀害。

机工们还谱写了自己的进行曲——《马达进行曲》，显示了他们大无畏的爱国主义精神。歌词唱道：

我们的雄心和马达共鸣，

滇缅公路

我们的队伍向祖国前进；

我们的血汗作胜利保证，

在我们面前永远是光明。

这套好身手到今天显出救国本领，

马达快开动！

为了祖国，亲爱的祖国！

负起这次神圣战争的伟大使命，

我们很光荣，与弟兄们前进！

在抗日战争期间，南侨机工牺牲了至少1000人，实际上牺牲人数远远超过1000人。滇缅公路从昆明一直到缅甸的腊戍，一共是1146公里，也就是说平均一公里就要牺牲一位南侨机工，占全体回国南侨机工的1/3多。

以一公里牺牲一条性命的代价保障抗战"输血管"的畅通，这些南侨机工为祖国谱写了一曲抗战的悲壮史，陈嘉庚在招募南侨机工回国抗战的过程中，表现了一个爱国华侨对祖国抗战事业的鼎力支持。

陈嘉庚对于南洋华侨在抗日战争中的丰功伟绩在所著的《南洋回忆录》有着较详细的描述："1931年九一八事变后，南洋华侨十分关心祖国的命运，1937年七七事变后，更是如此。为报效祖国，他们有钱出钱，有力出力，热血华侨青年通过各种途径回国参战，专门人才回

战斗间隙的南侨机工

国服务，他们的足迹遍布祖国大陆各地。抗战期间南洋华侨每月捐款高达1000万元，如果将捐款存银行作纸币基金，在国内可发行4倍纸币，即达4000万元。而当时抗日正规军（国民政府军队）有300个师约300万人，每月食饷军费约4650万元。至于寄回祖国的侨汇，则数量更多，作用更大。而闻名遐迩的'南洋华侨机工'就是其有力出力的一个重要组成部分。"

　　战后，马来西亚槟榔屿华侨筹赈会与雪兰莪华侨筹赈会为表彰和纪念南侨机工的伟业，在吉隆坡广东义山亭为殉难者建立了纪念碑。1989年是南侨机工回国参战

50周年，在云南省政府的支持下，在昆明滇池之滨修建了"南洋华侨机工抗日纪念碑"。碑文上写道：三千余南侨机工，"以自己的生命、鲜血和汗水，在华侨爱国史上谱写了可歌可泣的壮丽篇章，也在中国抗日战争史和世界人民反法西斯战争史上建立了不可磨灭的功绩"！这是对南侨机工抗战义举的最好总结。

昆明西山公园南洋华侨机工回国抗战纪念碑

虎口脱险

早春二月，阳光明媚。在微风吹拂下，南海海面波光粼粼，一只只海鸥轻声鸣叫着，从低空贴水掠过，水面泛起阵阵涟漪。

一只客船拖载着沉重的身躯，艰难地在海面航行着，陈嘉庚站在船头，眺望远方，他思潮起伏，自己要到哪里去呢？

陈嘉庚访问延安，回到新加坡以后，他向海外华侨介绍国内观感，尤其是介绍了延安军民的情况，使广大华侨对延安，对共产党领导的抗日根据地有了新的了解，他们都向往能亲自到延安看一看。

在陈嘉庚组织下，海外华侨掀起了新的筹款救国高潮，他们把购买的飞机、救护车等物资源源不断地运回祖国，支援抗日战争，并动员华侨，继续开展抵制日货运动，在经济上给日本侵略者以沉重打击。

　　陈嘉庚的抗日活动，引起了日本人对他的仇视。日本人多次派遣特务对陈嘉庚进行暗杀，但在广大华侨的保护下，日本特务的阴谋没有得逞。这次，日本调动大批军队，向东南亚国家发动疯狂进攻，企图借此挽救它们濒于灭亡的命运。在日军的优势兵力攻击下，新加坡、槟榔屿等地失陷了，日本人在沦陷区烧杀抢掠，无恶不作，搜捕华侨领袖。陈嘉庚处境十分危险，在朋友的劝说下，陈嘉庚决定离开沦陷的新加坡，到远方避难。

　　"嗵！嗵！嗵！"几声炮响，紧接着是一阵密集的枪声，从不远处传来。

1911年12月孙中山与陈嘉庚在新加坡合影

陈嘉庚的藏品

　　陈嘉庚举起望远镜，仔细一看，只见不远处的一个城市里，浓烟滚滚，火光冲天，隐约可以看见，一队队士兵正在惊慌地溃逃。陈嘉庚叹口气，那一定是日本人在进攻巨港成功了。派人去打探消息，果然如此。客船本来是准备在巨港靠岸停泊的，如今只好调转船头，向爪哇进发。

　　陈嘉庚来到爪哇，不料这里也被日军占领了，陈嘉庚在老朋友郭应麟、廖天赐、刘玉永的护送下，从爪哇转到雅加达，又从雅加达经日惹乘火车转往泗水。

正当陈嘉庚等人在日惹车站买好车票，准备上车时，突然发现一队日本宪兵涌过来，横眉立目，气势汹汹，站在车门口，检查来往旅客的证件。陈嘉庚、郭应麟、廖天赐、刘玉永一行四人中，只有廖天赐有身份证。

"这可怎么办？如果退回去的话，一定会引起日军注意，结果会更加麻烦。"陈嘉庚略一沉思，果断地小声说："瞅准机会，趁乱闯过去！"

正在这时，在门口的一个日本宪兵拦住了一个带小孩的中国妇女，那个宪兵一双贼眼在妇女身上转来转去，

陈嘉庚隐居玛琅避难的故居

1945–1949年的独立战争中日惹曾是印度尼西亚的首都

没安好主意。周围的中国人见了，都非常生气，不知谁喊了一声："不准欺负中国人！"那个宪兵一愣，许多人已经推开宪兵，向车上挤去。陈嘉庚见机，急忙跟着往前挤，路过宪兵面前时，那个宪兵已经回过神来，一边掏出枪威胁呼喊着，一边伸手抓挤过去的人，恰巧抓住了陈嘉庚的肩膀。走在后面的廖天赐见状一急，猛地把陈嘉庚往前一推，陈嘉庚就闯过去了。廖天赐拿出身份证，日本宪兵看了看，没有发现破绽，放他过去了。

当天晚间，陈嘉庚等人来到了梭罗市，在福建同乡黄丹季的精心安排下，住进了梭罗市中心的三民旅社。

为保证陈嘉庚的安全，黄丹季借出门倒水的机会，仔细察看周围有没有可疑人跟踪。忽然，他看见一个身穿黑衫的人，在三民旅社附近往来徘徊。黄丹季心中一惊，暗想，莫非陈嘉庚的行踪已经暴露了？他估计到外面的敌人可能是日本特务，他们还没有拿到确实证据，因此没有进来搜查。但有特务跟踪，对陈嘉庚来说，也是太危险了。黄丹季决定立即把陈嘉庚转移到别处居住。

第二天早晨，当地报纸忽然报道说，陈嘉庚已经躲

陈嘉庚纪念邮票

当时的日报

进梭罗，日本要派人进行搜查逮捕。黄丹季联想到昨天夜间特务盯梢跟踪的情况，他敏感地认识到，陈嘉庚住在这里，是太危险了，他决定趁今天黑夜把陈嘉庚转移到玛琅去。

黄丹季等人盼啊盼啊，天终于黑下来了，外边朦朦胧胧的一片，十步之内就认不清人。陈嘉庚化了装，打扮成商人模样，在黄丹季等人陪同下，大摇大摆地经过了日军岗哨。根据日本人的规矩，凡是经过悬挂日本膏药旗的岗哨，无论里面有无日军，都必须面向膏药旗鞠躬行礼。陈嘉庚路过这里时，偏偏昂首挺胸，连看也不

看。

　　岗哨里的日本兵见了，立即追出去，要打陈嘉庚。黄丹季见状不妙，飞身而去，把日本兵撞了个大趔趄，日本兵恼羞成怒，对黄丹季一阵拳打脚踢，为了不扩大事态，保证行动安全，黄丹季默默忍受着，直到另一个同行的人过来，把几块银洋塞到那个日本哨兵手中，黄丹季才脱开身，去追赶陈嘉庚。

　　陈嘉庚到达玛琅，住在巴蓝街4号。这里位置极好，

1949年10月1日毛泽东为海外侨胞题词

位于大街僻巷之间，后面是勃朗打斯河，两岸长满翠绿浓密的椰子树，一片葱茏，风景秀丽宜人，又适合藏身隐匿，是个非常理想的避难地方。

陈嘉庚几经颠簸，终于找到了一个隐蔽的安居所在，本来以为太平无事了，但日本人的消息非常灵敏，他们很快就嗅到了陈嘉庚的踪迹，跟踪而来，玛琅大街小巷，布满了日本特务和暗探。

面对这种情况，陈嘉庚泰然自若，毫不惊慌，他做好了被俘后英勇献身的准备。

陈嘉庚严肃地对身边人说："人生自古谁无死？我这么大年纪了，死也算不了什么。万一我被日本人抓住，他们一定会强迫我当汉奸的，为他们说话办事，当汉奸卖国贼，这种事情我绝对不干。到那时，我就用生命来维护祖国的尊严，也对得起炎黄子孙了，有什么了不起的？你们千万不要为我着急！"说着，陈嘉庚提笔写了一首诗：

领导华侨捐抗敌，会场鼓励必骂贼。

报章频传海内外，敌人恨我最努力。

和平傀儡甫萌芽，首予劝诫勿昧惑。

卖国求荣甘遗臭，电提参政攻叛逆。

强敌南侵星马陷，一家四散畏虏逼。

爪哇避匿已两年，潜踪难保长秘密。

何时不幸被俘虏，抵死无颜诣事敌。

回检平生公与私，尚无罪迹污清白。

冥冥凶吉如有定，付之天命惧溪益。

　　陈嘉庚写完诗，把笔一折两段，高声说道："日寇侵我祖国，杀我同胞，只恨不能到前线杀敌，和它拼个你死我活。"身边人听了，对陈嘉庚的民族气节都非常钦

1946年，新加坡举行李公朴、闻一多追悼大会，陈嘉庚（前立者）任大会主席。

日本投降

佩。他们心中暗暗发誓如果陈嘉庚遇到危险，他们就挺身而出，用生命来保护这一爱国老人的安全。

陈嘉庚在海外屡历危险，他置自己的安危于不顾，时刻关心着国内战局的发展。他多么希望中国人民能早日赶走日本侵略者，建设自己的新国家呀。这一天终于来到了。

1945年8月15日，日本天皇宣布无条件投降，中国人民经过8年艰苦抗战，终于获得了胜利。喜讯传来，陈嘉庚笑逐颜开，兴奋异常，他太高兴了，他的心早已飞往万里之外，他要及早返回新加坡，动员组织华侨为医治祖国的战争创伤贡献力量。

1945年10月6日上午，陈嘉庚回到新加坡，受到华侨们的热烈欢迎。毛泽东亲自派人送来一张条幅，上书

"华侨旗帜，民族光辉"几个大字，在庆祝大会上空高高飘扬。

陈嘉庚历尽艰难，回到了阔别已久的故里。他心中非常激动。望着黑压压的欢迎人群，他又感觉有些对不住大家，认为自己对抗战的贡献太小了，主张把这种荣誉送给抗日前线浴血奋战的将士。陈嘉庚热泪盈眶，他感觉到了民族力量的伟大和民族精神的可贵，心中暗暗发誓，今后一定要把自己的全部力量都贡献给民族腾飞的伟大事业。

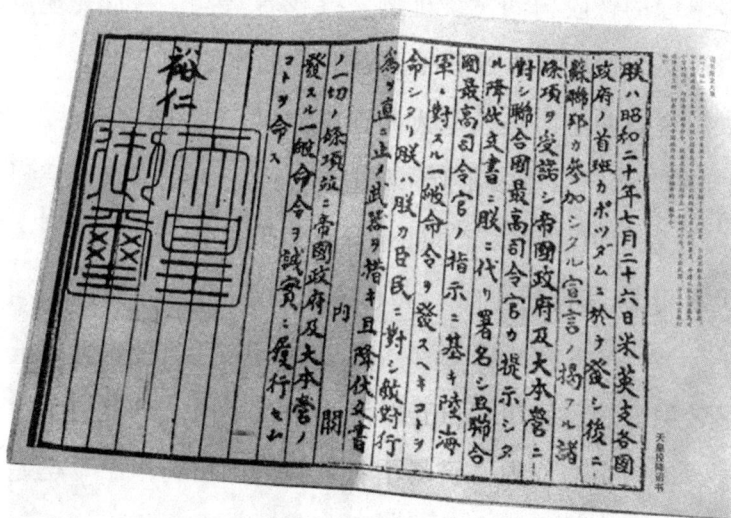

天皇投降诏书

老虎伤人，怎么得了！

　　傍晚，天空淅淅沥沥地下着小雨。蚊子嗡嗡鸣叫声，在翠绿的橡胶树间飞绕徘徊。寻找着猎物，一旦发现可口精美的食物，便不顾一切地猛扑过去。

　　这是南国的夏季。新加坡四处散发着花果的清香。

老虎

橡胶园

陈嘉庚坐在椅子上，双眼望着窗外，他心事重重。离开新加坡到玛琅避难，整整4年。如今虽然平安返回，但他在新加坡重新看到的一切，已经是面目全非了。陈嘉庚十分记挂他的橡胶园，不知现在长得怎么样了？抗战胜利后，国家满目疮痍，伤痕累累，需要多少物资进行支援啊。陈嘉庚的橡胶园，每年可以有几百万元的收入，用它来支援祖国，虽说是杯水车薪，但总可以为祖国尽一份绵薄之力呀。

陈嘉庚决定到橡胶园巡视一番。

陈嘉庚的住处离橡胶园很远，他在儿子的陪同下，乘坐一辆破旧的小汽车，在泥泞难行的路上慢慢行驶着。

到达橡胶园时，天已经黑了。陈嘉庚和看园人打了个招呼，就准备往里面走。

看园人见了，急忙拦阻他说："陈先生，这几天橡胶园正闹老虎呢。昨天这个时候，就有个橡胶工人在园里被老虎咬死了。吃剩下的尸体还放在小桥边呢。"

陈嘉庚听了一愣，"怎么，这里闹起老虎了，这样凶吗？"

"可凶了。这段时间，天一黑老虎就要出来伤人，人们吓得连门都不敢出了。"看园人又说。

新加坡

远眺新加坡

　　陈嘉庚听后，沉思了一下，果断地说："我去园里看看。"说着，他就要朝前走。

　　"不行呀不行呀，这太危险了。"看园人见陈嘉庚要亲自去园里察看，吓得目瞪口呆，连连摆手，想要阻止陈嘉庚。

　　"工人能在那里干活，经常冒着被老虎叼走的危险，现在他们被老虎伤害了，我们连看看他们都不敢去吗？你们不去，我自己去好了。"陈嘉庚不顾看园人的劝阻，边说边向园中走去。其他人无奈，只好硬着头皮跟着后面。

陈嘉庚沿着橡胶林一直往前走，他认真察看着橡胶林的长势，偶尔发现有的橡胶树生了白蚁，他就把白蚁捉下来，并告诉身边的人，应该如何惩治白蚁。快到橡胶园深处时，看园人说什么也不肯往前走了。他用手指着不远处一个白糊糊的东西，对陈嘉庚说：

"陈先生，昨天老虎就是在这里咬死橡胶工人的，它经常在这一带地方出没。"

陈嘉庚顺着看园人的手指望去，前面橡胶林旁有一

当年陈嘉庚的最爱
现藏于集美嘉庚公园的纪念馆

陈嘉庚的藏品

座小拱桥，白糊糊的东西就在拱桥和树林之间，那想必是被老虎咬死的工人了。陈嘉庚一阵心酸，便趋步走上前去。那个死去的工人已经被看园人用白布盖住了，正安静地躺在那里。陈嘉庚缓慢地揭开盖在死者身上的白布，察看着伤势。这是一个非常年轻的工人，双目圆睁，露出惊恐和痛苦的神色。看着看着，陈嘉庚禁不住落下泪来。

"这个工人有亲属吗？"陈嘉庚问看园人。

"一定要照顾好他母亲的生活，费用从我的薪金里扣，把这个工人拉回去，好好地安葬。"陈嘉庚吩咐道。

　　巡视完橡胶园，天完全黑了。人们劝陈嘉庚留在橡胶园里过夜，他说什么也不肯。陈嘉庚决定，立即回去想办法射杀老虎，保证橡胶工人的生命安全。

　　天黑路滑，十分难走。陈嘉庚乘坐的小汽车，在泥泞中缓缓爬行着，泥点溅满车，黑绿相间，本来就已经破旧不堪的小汽车，更加显得斑驳难看了。陈嘉庚微闭双目，眉头紧锁，他深深为那个被老虎伤害的橡胶工人感到难过，眼前不断浮现出工人被老虎撕咬时奋力挣扎而又极端痛苦的场面。想着想着，他双眼模糊了，泪水悄悄流下来，淌进嘴里，咸咸的，又苦又涩。"老虎逞凶，怎么得了？一定要想办法除掉它！"陈嘉庚自言自语地说。

　　陈嘉庚抬起头，透过车窗和蒙蒙细雨，他看见远方有一条白练，越来越近，那柔佛河，掀起阵阵浪花，呜咽咆哮着从新山脚下流过。突然，车身猛地一颤，轮下打滑，急速地向柔佛河滑去。司机急了，猛打方向盘。还是无济于事，小汽车像断线风筝、又似脱缰野马，毫无控制地向柔佛河冲去。

　　"这下完了，滚进柔佛河非喂了鱼虾不可。"司机毫无办法，只好闭上眼睛，一切听天由命了。

　　就在车子即将坠入河中、惨剧发生的刹那，奇迹出现了，一棵倒树横卧河边，小汽车撞在上面，弹跳了两

下，便停住了。司机醒过神来，惊出一身冷汗，回头看陈嘉庚时，他依然安详自若，好像什么危险都没有发生。

陈嘉庚已经考虑成熟了一个既驱逐老虎，又保证工人安全的方案，刚才发生危险时，他正沉浸在自己天才的设想里，他仿佛看见那凶狠残暴的老虎，被工人抓住塞进了笼子里，他脸上露出了会心的微笑。

新加坡海滨

国家利益为重

新中国在礼炮声中诞生了。

陈嘉庚收到毛泽东的邀请信，决定回国参加政治协商会议，为新中国的社会主义建设贡献力量。

这天上午，海风习习，晴空如洗，一只小客船在海上缓缓行驶，船上没有悬挂国旗，但从船的建筑上看，明显是一艘英国船，人们都很惊讶，这是怎么回事呢？在公海上行驶的船只，都应该有国旗作标志呀。

原来，这是陈嘉庚从新加坡启程返回祖国的，他说："新中国即将成立了，我们很快就会拥有自己的船只，要让中国的国旗在海面上飘扬，我怎能再坐悬挂别国国旗的船只返回自己的祖国呢？"在陈嘉庚的一再要求下，他们租用了英国船，但不许悬挂英国国旗，认为这才不会损害我们国家和民族的尊严。

陈嘉庚返回祖国，他受到以毛泽东为首的中国共产

党领导人的亲切接见，并被选举为中国人民政府协商会议常务委员等职务。他积极参加新中国的社会主义建设。为了了解新中国经济建设的成就，在中央的安排下，陈嘉庚亲自到东北、上海等地视察参观。

陈嘉庚先来到上海，一路兴致勃勃，可当他走到中苏友好大厦跟前时，忽然皱了皱眉头，问工作人员，"中苏友好大厦是干什么用的？"工作人员一时弄不明白陈嘉庚的意思，就回答说：

"现在是展览上海工业新产品的地方。"

陈嘉庚听了，脸上立即失去笑容，他又严肃地问道：

鳌园陈嘉庚塑像

集美中学前的陈嘉庚像

"为什么我国生产的工业新产品要放在这里展览呢?"

工作人员一时无法回答。陈嘉庚叹口气,和人们一起进去看了看我国自行设计制造的新产品,他一件一件仔细地看着,临出门时脸上又绽出笑容。陈嘉庚回厦门不久,立即给上海市领导人写信,指出中国的新产品不能放在中苏友好大厦里展览,这样有失我国的民族尊严。上海市领导收到信后,对陈嘉庚的建议极为重视。立即召集上海市委会议,决定把中苏友好大厦改名为上海展览馆,向中外游人开放,展示我国科技发展的新成就。

　　从上海回来，陈嘉庚不顾年高体弱，一路颠簸来到吉林省参观一个由苏联援建的糖厂。他在人们簇拥下走进糖厂办公室，抬头猛地看见墙上挂着苏联领袖斯大林的画像，他不由问道："为什么不挂毛主席的画像，却挂外国人的画像？"糖厂厂长听了，急忙过来解释，说这糖厂的资金和技术都是苏联援助的，还有许多苏联专家在这里工作，是考虑到这种特殊情况，才挂斯大林画像的。陈嘉庚仍然坚持说，只要是在中国的工厂里，不论情况怎么特殊，也只能挂毛主席的画像，毛主席是我们的领

画册中的陈嘉庚

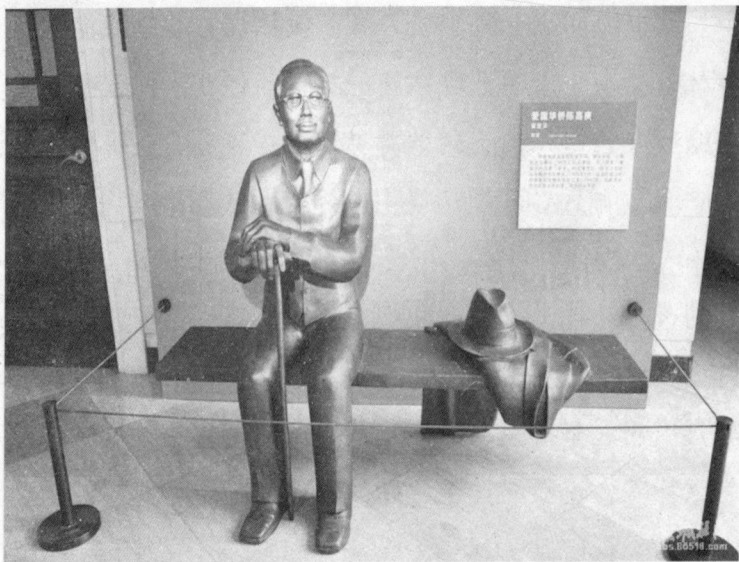

陈嘉庚塑像

袖，是我们中华民族的象征，怎能在中国工厂里挂外国人的相片呢？一席话说得糖厂厂长十分尴尬。

正在这时，忽然糖厂大院里的广播响了："印度尼赫鲁政府，背信弃义，不顾中印两国人民的传统友谊，挑起边境冲突，打死打伤我边防军民数十人。"

陈嘉庚听后，非常气愤，他立即终止了参观旅行，返回北京，发表讲话，严厉谴责尼赫鲁政府的行径，坚决捍卫民族尊严和国家利益，他的讲话很有力量，在国内外引起了巨大的反响，人们知道，陈嘉庚和尼赫鲁本来有私人交情和深厚的友谊呀。那是很久以前的事情，

陈嘉庚

华侨旗帜 民族光辉

曾昭铎 著

中央文献出版社

集美大学
JIMEI UNIVERSITY

纪念陈嘉庚书籍的书影

陈嘉庚在新加坡时，曾经和印度总理尼赫鲁有过密切的
交往。当时印度还是英国统治下的一块殖民地，尼赫鲁
正在为争取印度独立而进行斗争，陈嘉庚拿出许多钱帮
助尼赫鲁，他们两人的关系非常密切，友谊很深。印度
独立以后，1954年尼赫鲁到中国访问。他们在周总理组
织的欢迎会上见面，老朋友见面，非常高兴。他们畅谈
了很长时间，才依依不舍地分别。这次，陈嘉庚不顾私
人情谊，断然对尼赫鲁进行揭露和谴责，知道内情的人
都非常敬佩他。陈嘉庚认为，个人友谊归个人友谊，事
关国家利益时，绝对不能含糊，必须以国家利益为重。

陈嘉庚诞辰120周年纪念银章

腰缠万贯的"穷人"

　　陈嘉庚17岁到南洋，跟随父亲经商办实业，在商海沉浮中，他行动坚决，判断准确，经营有方，很快成为举世闻名的大富翁。他苦心经营，资产越来越大，他把自己的财富全都捐献给了国家和教育事业，自己的生活非常俭朴，谁都不会想到，这个拿出几百万、几千万元资助教育事业的人，却过着比普通穷人还要清苦的生活。他在这方面给我们留下了许许多多动人的故事。他是一个富甲天下的资本家，又是一个勤劳朴实的"穷人"。

　　陈嘉庚在生活上对自己要求很严格，从来不肯多花一分钱。他在新加坡创业进入最兴盛时期时，人们都称他是马来西亚橡胶王。可他在日常生活中，饮食很简单，早晨喝一杯牛奶，吃三个鸡蛋，马上就去工作。劳累一天，晚餐也只吃一碗白米饭、一碗蕃薯粥、一块红豆腐乳，有时家里人看他太累了，要给他做点好菜，他总是批评说："饭能吃饱肚子就行了，应该省下钱办教育，让穷孩子都上学，那样国家才能富强。"他平时身上的现款不超过五元，从来不去菜馆和咖啡店，有时带孩子和妻子去海边玩耍，在天气太热时也只是吃一杯冰激凌。

后来，陈嘉庚在爪哇避难，对自己要求就更加严格。当时由他的校友林翠锦照顾陈嘉庚的饮食起居。陈嘉庚吩咐林翠锦说，他只喜欢吃蕃薯和花生米，常年不厌，

陈嘉庚塑像

不需要再做其他菜，规定每餐最多不能超过三菜一汤。林翠锦每天就只给陈嘉庚煮蕃薯粥。有时稍微做点好菜，陈嘉庚就会不高兴，反复告诉说，现在正是抗战时期，物力维艰，前线抗日战士，后方受灾难民，生活都很艰苦，我们能够吃饱肚子，就已经够奢侈了。以后再做好菜时，陈嘉庚干脆不动筷子，只顾埋头吃饭。

厦门被日本军占领后，陈嘉庚冒着生命危险回到家乡，在集美镇大祠堂里向乡亲们作热情洋溢的讲话。讲话结束时已经很晚了。乡亲们要设宴款待他，陈嘉庚说什么也不答应，他大声说："免！免！我要去吃蕃薯粥配

厦门陈嘉庚纪念馆

集美陈嘉庚墓地博物馆

豆豉。"说着就一个人往前走。

　　有一次，工作人员见他身体太虚弱，就买了只鸡炖给他吃。结果这个工作人员被陈嘉庚狠狠地批评了一顿。平时陈嘉庚到外地视察工作，车上总是带着两个保温瓶，一个里面装早就煮好的海蛎粥，另一个装油条。他在到达工地之前，就和司机坐在道旁巨石上吃油条。等视察完工作，人们邀请他去参加午宴时，他就摇头笑着说：

"我已经吃过了。"说着，把保温瓶里剩下的粥拿出人们看，这样，谁也没有办法强迫他去赴宴了。

陈嘉庚穿衣服也很俭朴。他在避难爪哇时，有一次让黄丹季送给林翠锦一个布包，林翠锦打开一看，原是几双破袜子，还有条旧裤腰，里面放着一张纸条，这是让林翠锦帮助用这块旧布补袜子。林翠锦实在不忍心让陈嘉庚再穿这样的破袜子，就买了几双新的送给陈嘉庚，陈嘉庚坚持不要，还生气地说："如果你们不肯补的话，

1959年5月14日华侨博物院开幕典礼留影

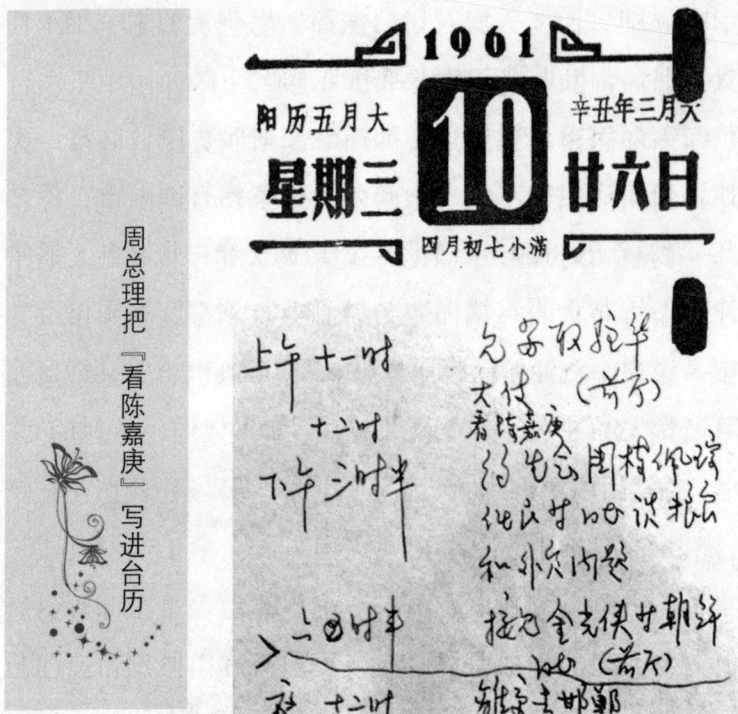

周总理把『看陈嘉庚』写进台历

1961

阳历五月大　辛丑年三月大

星期三　**10**　廿六日

四月初七小满

上午 十一时　见子孙驻华（苏方）

十二时　看陈嘉庚

下午 三时半　约电会闽村侨谈

他这廿四日谈报

和外交内部

二时廿半　接见金光侠廿朝鲜（苏方）

夜 十二时　雅尔主邯郸

拿回来我再找别人补好了。"没有办法，只好又回去，把袜子补好后，交给陈嘉庚。陈嘉庚一边试穿，一边高兴地说："这就不错，还能穿吗，不该扔掉的就不能扔掉。"

陈嘉庚对家里人要求也很严格，常常告诫他们不要多花一分钱。有一次他的儿子陈国庆买了条领带，陈嘉庚看见之后，非常生气，训斥儿子说这是浪费，不准他用。陈嘉庚家的一套家具，使用了十多年，已经破旧不堪，妻子要他花钱买套新的，结果被陈嘉庚责备了一顿。1932年，陈嘉庚的商业经营受到损失，被迫成立陈嘉庚

股份有限公司，他从一个大实业家变成一个股份有限公司的股东，在此之前，陈嘉庚坚持声明，必须把他的月工资增加到四千元，否则宁肯破产，也不答应成立股份公司。国外银行团无奈，只好答应陈嘉庚的条件。到月终发工资时，陈嘉庚却要求把他的工资汇到集美学校和厦门大学作办学经费。银行团工作人员十分惊讶，问他生活怎么办，他回答说："我的生活非常简单，每月有十几元就够了。"

陈嘉庚

厦门——陈嘉庚故居

　　陈嘉庚自己生活俭朴，来了客人也不例外。他从来不请客人下饭馆，认为那样太浪费。在自己家里招待客人，也不超过四菜一汤，都极为简单，一般是米粉一盘，另加花生、皮蛋等小菜。他平是只吃蕃薯粥，安排四菜一汤，就已经是对客人的优待了。他自己不喝酒，如果客人喝酒的话，他就让身边工作人员现买，自己只在旁边陪着客人聊天。

　　早年，电厂供电到晚上10点就停止了。陈嘉庚就点蜡烛继续工作，他用来做烛台的是捡来的一个断把破瓷杯。有人劝他买个烛台，他却不答应。他有一把雨伞，到他逝世时已经用了20年。时间长了，伞布破烂，他就让侄媳妇为他缝补。后来无法缝补了，他又让侄媳妇买块布来更换腐朽了的旧伞布。他常说："该用的钱，几千万都得花。不该用的，一分钱也不能浪费。"

一次，陈毅元帅要来看望陈嘉庚。陈嘉庚和家里人都很高兴。家里人想：对国家领导人，我们应当好好招待一下。他们就背着陈嘉庚买了两斤水果糖。陈毅来了，家里人沏上茶，又送上糖果。陈毅走后，陈嘉庚严肃地查问，是谁买的糖果？家里人说明情况后，嘉庚先生批评这个工人说道："像陈毅这样的首长，最多是尝一两粒糖果，买两角钱的就行了，不用买那么多，太浪费了。"他还坚持说："陈毅是国家领导人，但更是我的好朋友，是自己人嘛，招待他怎么能浪费呢？"

他家财万贯，但对自己的家事，却是"求缺不求全"。校舍和他的住宅都曾因日本飞机的轰炸而炸毁。然而，在校舍和住宅之间，他却坚持先修校舍，并说："第念校舍未复，若先建住宅，难免违背先忧后乐之训耳！"

"校主" 的心愿

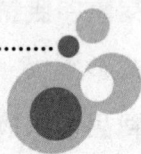

　　陈嘉庚的家乡集美镇，位于浔江尽头，隔海与台湾遥遥相望，这里的人们常年以打鱼为生，顶风冒雨，生活非常贫困，很少有人能够上学读书。陈嘉庚少年时，

厦门大学老校门

厦门大学

曾经在一家私塾读过书，但那个私塾教师非常古板、生
硬。陈嘉庚没有在那里学到知识，他感觉非常遗憾，早
就有在集美镇创办一所学校的愿望，他要让所有的贫困
儿童都能读书写字。

"教育不振则实业不兴，国民之生计日绌，……言
念及此，良可悲已。吾国今处列强肘腋之下，成败存亡
千钧一发，自非急起力追难逃天演之淘汰。鄙人所以奔
走海外，茹苦含辛数十年，身家性命之利害得失，举不
足撄吾念虑，独于兴学一事，不惜牺牲金钱竭殚心力而
为之，唯日孜孜无敢逸豫者，正为此耳。诸生青年志学，
大都爱国男儿，尚其慎体鄙人兴学之意，志同道合，声

应气求，上以谋国家之福利，下以造桑梓之麻祯，懿欤休哉，有厚望焉。"

在一个风和日丽的上午，陈嘉庚回到家乡进行实地考察。这时集美镇已经有了六七所私塾，共有学生80余人，但教师学识平庸，又不准女子入学。陈嘉庚看到这种情况，非常痛心。他四处奔走，劝告各私塾停业，全乡合作，创办统一的集美小学。陈嘉庚为创办集美小学，不辞辛苦，四处招募教师。常常步行数十里，回到家时，已经夜深人静。

陈嘉庚的信件

创办于50年代的集美中学

　　为选好校址，陈嘉庚亲自到各地考察，他发现村西有个废旧的大鱼池，占地数十亩，四周风景优雅，很适宜办学。他就花钱把这个鱼池买下来，带领人们把鱼池填平，在这里建了七间教室，还修了一个大操场，供学生娱乐活动。集美小学终于创办起来了。

　　陈嘉庚创办了集美小学后，深为找不到好的教师而感到苦恼。于是，他又派自己的弟弟陈敬贤，回到福建省创办集美师范学校和集美中学。陈嘉庚认为，教师必须品德高尚，学识渊博，他主要招收贫困子弟入学，为了鼓励他们将来教书育人，陈嘉庚特别规定，进入集美教师的学生，免收学费、宿费，由学校供应蚊帐被褥。有个安溪人叫叶渊，很有才能和魄力，陈嘉庚知道以后，亲自去请，聘叶渊担任校长。为了能够让女子入学，陈嘉庚决定创办女子师范部，学生待遇与男子师范相同。

　　第一次世界大战结束后，英法美等战胜国在巴黎召开分赃会议。中国作为战胜国之一，理所当然地在会议上提出了收回被德国侵占的中国山东主权问题。但是，在英、法等国操纵下，大会不但拒绝了中国的正义要求，反而做出把德国在山东的特权转让给日本的决定。这一

郭沫若为集美中学题词

陈嘉庚纪念馆

消息传来，中国群情激愤，爆发了反对日本帝国主义的五四运动。陈嘉庚又一次深深地感到，帝国主义之所以敢无视中国主权，主要是因为中国太落后，无法抵抗外来侵略。他认为要奋发图强，雪洗国耻，振兴教育，是一件必须做的事情。他决定扩充集美学校，并建立厦门大学。

陈嘉庚亲自到厦门考察校址，选中了厦门演武场。演武场位于厦门五老峰下，是明末民族英雄郑成功练兵的地方，清代改作阅兵场，后来洋人侵略中国，把这改为高尔夫球场。演武场占地面积二百余亩，四周风景秀丽。北面奇峰突兀，怪石矗立，有驰名中外的普陀寺。

南临大海，平展开阔，一望无际，是理想的办学地方。于是，陈嘉庚向北洋提出申请，要求划演武场为厦门大学的校址。得到批准后，他就着手筹集建校工作，拿出100万元作为开办费，聘请有学识的教师任教。

陈嘉庚创办厦门大学不久，他在海外产业便遭受到重大损失。许多人都主张停止对集美学校和厦门大学的经济援助，他坚持据理力争，在最困难的时候，每月还坚持给集美和厦大邮汇4000元，作为办校经费。陈嘉庚热情支持办学事业，他经常深入学生中去，了解学生的学习和生活情况，学生们都亲切地称陈嘉庚为"校主"。

集美中学

"出卖大厦，维持厦大"

1926年，世界橡胶价格暴跌，所有的胶厂普遍亏损，陈嘉庚的工厂也难逃其难。

这年，陈嘉生的企业亏损加建校费用共超支180多万元。没有办法，只能把厦门大学已经动工的校舍继续建完，集美校舍已经建筑过半，到了冬季，不得不停工。

1927年，经济仍没有丝毫的好转。陈嘉庚维持集美、厦大两校的经费付出70多万元，加上银行利息40多万元，共超支120多万元。

1928年，山东济南发生"五卅"惨案，陈嘉庚带领南洋华侨声援祖国，反对日军暴行，成立"济南惨案筹赈会"。《南洋商报》宣传抵制日货，揭露奸商走私，奸商竟然放火焚毁了陈嘉庚先生的橡胶制造厂，工厂损失惨重。

陈嘉庚仍然汇款60多万元支持两校办学，这年超支

160多万元。三年下来，企业每况愈下，资产所剩不足盛时的一半。

1929年起，资本主义世界爆发了空前的经济危机，而日商在东南亚又倾销日产橡胶，胶价暴跌，经济形势十分严峻，为了支付两校费用和付银行利息，陈嘉庚又欠银行100多万元无力偿还。

1931年，不得不接受银行方面的条件，把所有资产折合为200多万元，加上银行所拨的资金，合股改组为

陈嘉庚一生累计为文化教育事业捐款人民币5.4亿元，临终又把银行存款300多万元捐献，未给子孙留一分钱。

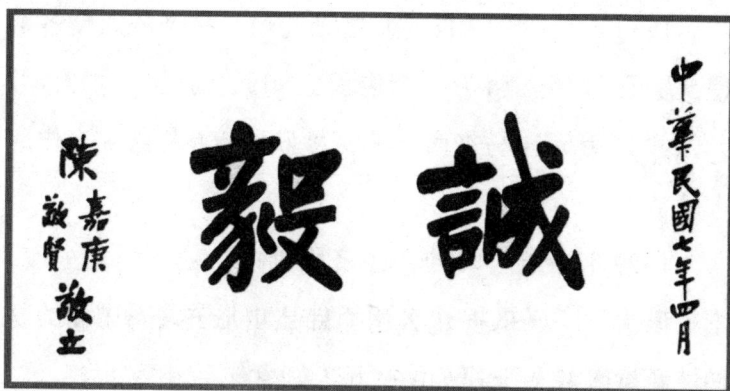

集美大学校训——诚毅

陈嘉庚有限公司。

期间，厦大、集美两校经费共缺口40多万元，陈嘉庚变卖产业得十多万元，并向银行借息30多万元，勉强维持下去。

1932年，英政府提高进口税率，胶鞋不在增税系列，需要胶鞋订货的英商很多，对陈嘉庚公司来说，这是一个中兴的好机会。

可是，汇丰银行的总经理说："我英国的利权不容他人染指"，断绝了陈嘉庚公司的希望。陈嘉庚终于看清了在外国资本的钳制下，毫无前途，全部把企业收盘。

1934年初，全部企业收盘后，他仍然设法动员林文庆南来募捐20多万元，连同各胶厂利润支持两校，使两校得以维持下去。

　　1936年，他又亲自向女婿李光前、宗亲陈六使各募得5万元，陈延谦1万、李俊承5000元，连同自捐4.5万元，共16万元在马来西亚购买橡胶园400英亩，充作厦大基金。

　　1929年嘉庚公司处在经济困难中，他"出卖大厦，维持厦大"——抵押并卖掉了自己和儿子共同居住的新加坡经禧律42号三座美丽的私人别墅住宅。

　　陈嘉庚自己在文章中谈到，三十几年的经营赢利共1900万元。支出上厦大集美两校800万元，利息500万

陈嘉庚与厦大学子促膝交谈的雕塑

陈嘉庚与厦大集美校友合影

元，亏损500多万元。

"我个人家费，年不过数千元，逐年薪水足以抵过。在集美建一住宅值不上万元，他无所有。"其人格之伟大，生活之简朴，可见一斑。

新中国成立以后，陈嘉庚从新加坡返回祖国，来到北京，积极参加新中国的社会主义建设，他仍然非常关心集美和厦大两校的发展情况。1949年11月27日，陈嘉庚特地回到老家集美。那时，国民党飞机经常到福建沿海一带轰炸，集美学校和厦门大学的许多建筑都被炸毁。

陈嘉庚手拄拐杖，步履蹒跚，亲自到学校观察，他看到学校被炸成一片废墟时，对国民党非常痛恨，但他并不悲观失望，组织人清理垃圾，重建校园，制定了更为宏伟的规划。陈嘉庚非常注意优待贫困子弟。1950年他出巨款，在家乡资助全村适龄儿童入学，他建议各学校的上级领导机构，增加助学金名额，并对贫困的优秀学生进行物质奖励。

陈嘉庚对厦门大学进行认真细致的勘察以后，又组织领导对厦门大学进行扩建工作，他拿出巨额款项，无偿投资，自己生活却非常俭朴。他经常来厦门大学检查工程进展情况，在建筑部办事处内，陈嘉庚休息、工作的小房间也只有十几平方米，陈设极为简单，家具全都是借来的，一张单人木床、一张办公桌、一把靠背椅、一张小茶几、两张旧沙发和一个木脸盆架。他不喝茶和其他饮料，喜欢喝温开水，来了客人也都是这样对待。他要把省下的钱都用在办学事业上，平时和办事人员一起吃普通的饭菜，从不搞特殊化。

在陈嘉庚亲自指挥下，新中国成立后只用了5年时间，厦门大学就新建校舍31幢，还有运动场、海滨游泳池等。陈嘉庚含辛茹苦创办的厦门大学，几十年来为国家培养了各方面人才，他们为社会主义建设事业作出了巨大的贡献。

诚 信 为 怀

　　陈嘉庚的一生最令人钦敬的是他为人处世无不以诚信为怀。他对亲属、对朋友、对家乡、对祖国、对商业、对政治、对教育、对公益事业等等无不抱持诚信的态度

陈嘉庚像

去面对、去处世；他之所以能成为海外千万华侨公认的领袖，就在于此。

"诚信"是安身立命之本，成家立业基石，做人失了"诚信"，就会寸步难行。陈嘉庚一生洁身自爱、严于律己，以诚信铺路，行得光明坦荡。他说："余以为历史上凡能成伟大领袖者，总不能离去'诚'、'信'二字。就普通平民而言，若无诚信，已失其做人之资格。我国古云，'不诚不物'，又云人无信不立。自数千年前创造中国文字即有此意，如诚拆开则为信与成，意谓所言成

行谓之诚。又信字拆开，即人与言，谓人言必信是也。"陈嘉庚这段精辟话语是对自己一生待人以诚、言出必行、诚信做人的绝好总结。

1904年，陈嘉庚父亲所营企业破产，欠印度债主哈利20多万元巨款。按照新加坡的法律"父债子免还"，况且陈父当年便因破产而抑郁成疾不幸去世，但以信誉为重的陈嘉庚虽然经济拮据，却宣布"立志不计久暂，力能做到者，决代还清以免遗憾也"。白手创业的陈嘉庚艰苦奋斗了4年时间，终于有些盈利，他便不顾亲友反对，花了许多时间和精力找到债主，连本带利还清了父

陈嘉庚故居内景

1950年10月陈嘉庚(前排左四)等到国光中学视察新校舍

亲所欠的债务。当时曾有人说他"傻"，但他说："中国人取信于世界，决不能把脸丢在外国人面前！""我们中国人一向言必信，行必果。"陈嘉庚"一诺万金"的信誉迅速传遍了东南亚。此后，人们十分相信陈嘉庚的商业道德和信誉，都愿意与他做生意。可以说，陈嘉庚之所以能在家业衰败后艰苦创业10年左右成为百万富翁，与他"一诺万金"的诚信商誉有着密不可分的关系。

1946年3月，尼赫鲁访问新加坡，陈嘉庚在欢迎会上致辞，题为《领袖与诚信》，指出无论商界政界，"诚信"都是无价之宝，是成功的保证。

陈嘉庚的"诚"表现在政治上就是他无论政治环境如何都绝不指鹿为马，论人论事，是即是，非即非，绝不口是心非，绝不沽名钓誉，绝不畏强权而作谀辞。这就是政治上的诚实，尤其是政治上的诚实更是他爱国热情的突出体现和深层的根源。

抗日战争期间，他在陕北访问视察时亲睹陕甘宁边区军民抗日热情高涨，社会秩序良好，还有一次亲见八路军押解所俘日本兵前往战俘营，令他非常感动，说是到了陕北才相信中国人真的打过胜仗。后来他在各省视察时，许多次大会上都实事求是地报告他在陕北的所见

华中大家庭联合呈献 Hwa Chong Family Presents

陈嘉庚

三幕史诗剧《陈嘉庚》

位于柔佛士古来的南益黄梨罐头厂（1950年）
新加坡国家档案馆提供

柔佛峇株巴辖南益树胶公司厂房（约1950年）
柔佛峇株巴辖南益树胶公司提供

柔佛笨珍南益饼干厂（约1950年）
柔佛笨珍南益饼干公司提供

位于加冷河畔的南益火锯厂（约1950年）
新加坡国家档案馆提供

陈嘉庚的企业

所闻。他在重庆"国民外交协会"(国民党设立的社团)演讲中指出"重庆传闻无一不谬"，事实上延安"无失业，无盗贼，无乞丐，治安亦极良好"，重庆方面说共产党"共产共妻"根本是胡说八道。有人劝陈嘉庚不要替共产党讲好话，陈嘉庚说："我不能指鹿为马"。此事蒋介石闻知后大为震怒，但亦无可奈何。

　　"诚"在陈嘉庚身上的体现是实事求是、敢说真话。

　　1954年，中央根据陈嘉庚的建议决定修筑鹰（潭）厦（门）铁路。当时在角尾—集美路线设计上他同负责

相关设计的苏联专家发生分歧，但他没有屈从苏联专家的专业理论，自己亲自到集美、杏林等地实地勘测。最终他的提案被党中央接受，杏林—集美海堤顺利施工，周边百姓受益无穷，郭沫若曾称赞陈嘉庚："陈嘉庚先生为什么这样伟大呢？因为他做的事情不是为他自己，是为老百姓。"

在陈嘉庚的故乡集美到处能看到一些以"诚"命名的庭院或店铺，如诚园、谦诚书屋等等，还有不少商家

央视百家讲坛《我心目中的陈嘉庚》

厦门大学嘉庚群楼

打出"诚实经营""诚信是金"等标语。

陈嘉庚回国定居后，也常常教诲身旁的人要诚实守信。

1956年10月，星马工商贸易考察团里的一些乡亲回到集美，陈嘉庚请他们第二天早上到家里一起吃地瓜稀饭，并叮嘱总务主任叶祖彬多做一些饭。结果叶祖彬忘了通知，让客人们饿了肚子。尽管事情不大，陈嘉庚却认为，叶祖彬在这件事上对他失了信，同时也让他失信于客人，因此，要求叶祖彬写出检讨，并给予停薪一个月的处罚。展现了他奖罚分明的性格。

1958年，当时集美各校要筹办农场，但校区土地有

限，学校有人建议，把几年前赠给农业厅的天马农场的大片土地收回一部分。他的秘书张其华认为有道理，便请示陈嘉庚，结果受到陈嘉庚的严厉批评。陈嘉庚说，已经赠送给别人的东西又要讨回，出尔反尔，是不诚实之举，并责怪张其华没有当场批评学校的这种错误主张，还要照搬来提什么建议。

　　"君子诚其意"，陈嘉庚无论经商还是做其他事，历来铁骨铮铮，永不毁诺。1918年，陈嘉庚和胞弟陈敬贤亲自将"诚毅"二字定为集美学校的校训；如今，集美的不少商铺都在讲求诚信，集美的学堂也在讲授诚信，陈嘉庚一生崇尚的诚信美德，正在集美薪火相传、发扬光大。

陈嘉庚1956年摄于北京

115

备享殊荣

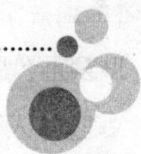

　　1949年1月20日，毛泽东致电陈嘉庚："中国人民解放斗争日益接近全国胜利，需召开新的政治协商会议，建立民主联合政府，团结全国人民及海外侨胞力量，完成中国人民独立解放事业。为此亟待各民主党派及各界

集美大学

2010年获得陈嘉庚科学奖的科学家

领袖共同商讨。先生南侨硕望，众望所归，谨请命驾北来，参加会议。肃电欢迎，并祈赐复。"76岁高龄的陈嘉庚接到邀请后，十分激动，当即复电："革命大功告成，曷胜兴奋，严寒后决回国敬贺。"他在离开新加坡前夕答美联社星洲分社记者问时表示，即将建立的新政府是有中共、民盟、民革等各方面参加的联合政府，而该政府是由中共居领导地位，"因为他们具有十数年之丰富经验，对中国实际情形有充分之了解，而且有甚多优秀人才"陈嘉庚表示愿意在中共领导下，为即将建立的联合政府的新中国效力，可见这位老华侨代表的满腔热情和高度责任心。

　　1949年6月4日，陈嘉庚等一行抵达北平后，随即由周恩来陪同一起去香山见毛泽东。畅谈间，毛泽东对陈嘉庚说："全国基本解放了，我们要成立新政协，请您来参加。"陈嘉庚说："我不懂政治，也不会讲话，我不敢接受。"周恩来说："华侨的首席代表您不当，能请谁来当呢？您德高望重，这又是建国大事。您不懂普通话不要紧，有庄先生翻译嘛！"还说，最要紧的是大家的心能够相通。例如我们同蒋介石谈话，语言是完全通的，可是彼此的心不相通，所以双方过去谈判了那么多年，总谈不拢来。毛泽东、周恩来推心置腹的交谈，使陈嘉庚十分感动，遂打消了一切顾虑。

　　1949年9月21日，中国人民政治协商会议第一届全

1949年，陈嘉庚在新政协筹备会上演讲。

厦门集美村内的归来堂

体会议开幕。陈嘉庚在24日的大会上发言，他对大会通过的《中国人民政治协商会议组织法》《中华人民共和国中央人民政府组织法》《中国人民政治协商会议共同纲领》三个草案"表示完全接受和极力拥护"，并表示："本席代表海外华侨民主人士以及爱国侨胞，对于这三个草案无保留地予以接受，通过以后，并愿在中国共产党领导之下与各民主党派，各人民团体和其他爱国民主分子努力促其实现。"大会选举时，陈嘉庚、司徒美堂等6位华侨代表被选为政协第一届全国委员会委员，陈嘉庚还被选为政协常务委员，后任副主席。1949年10月1日，庄严的开国大典仪式上，陈嘉庚和600多名政协代表应邀登上天安门城楼，检阅游行队伍。

新中国成立后，他看到伟大祖国站立起来了，决心定居祖国，为祖国建设服务。他历任中央人民政府委员、归国华侨联合会主席、当选全国人民代表大会常务委员、全国政协副主席。他已耄耋高年，驰驱祖国南北大地，舟车劳顿，席不暇暖，致力于祖国社会主义建设事业，并对推动华侨爱国大团结、鼓励华侨支持祖国和家乡建设起到积极作用。他生前叮嘱"把集美学校办下去，把300万元存款捐献给国家"，并一再呼吁祖国统一，对台

周总理从陈嘉庚遗体外套口袋里找到的一枚小印章

集美陈嘉庚墓亭

湾的回归深表关切，体现了一个爱国者的赤诚之心。

晚年的陈嘉庚，念念不忘国家统一、台湾回归！1950年，他在集美学村创建鳌园。在鳌园中的"博物观"照壁石屏正中，请石匠刻录5幅地图。上面一幅是"世界地图"，其下面并列四幅地图，即"中华人民共和国地图""福建省全图""台湾省全图"及"同安县全图"，并在图中刻下亲撰的《台湾史略》。陈嘉庚亲撰的《台湾史略》的第一句话写道："台湾为我国东南一大岛。"

朝鲜战争爆发后，美国第七舰队进入台湾海峡，阻挠中国人民统一事业。针对美国的侵略行径，1950年7

月4日，陈嘉庚通过《福建日报》发表谈话，明确表示台湾是中国的领土，绝不允许外国干涉。此后，他又发表一系列对记者的谈话和声明，发表接见华侨的谈话等等。一再阐明台湾是中国的领土，绝不容许外国侵占或干涉，并号召华侨为两岸统一的统一大业贡献力量。

祖国统一是陈嘉庚临终遗嘱的第一件大事，他最后的遗言是"台湾必须归中国"。他相信他的这个愿望一定会实现，一定要实现。这就是陈嘉庚为什么在"鳌园"刻录的地图中刻下"台湾省全图"的最重要原因。

1958年1月，陈嘉庚右眼眶上突然长出一个肿瘤，经检查断定是鳞状上皮癌。陈嘉庚知道以后，并不对自己的病情感到担心，他更为关心的是如何把集美学校和厦门大学继续办好。1961年初，已经到了癌症晚期，他知道自己将不久于人世，但仍然念念不忘集美学校的建设，他对人说："人生自古谁无死，只要祖国能富强，个人算不了什么。"他嘱咐说，一定要把集美建成国内第一流的学校。1961年8月，陈嘉庚被病魔夺去了生命，临终前，他留下了一生中的最后一句遗言："学校要继续办下去。"

1961年8月12日陈嘉庚在京病逝。陈嘉庚先生治丧委员会由周恩来总理担任主任委员，丧仪极为隆重。周恩来总理朱德委员长亲自执绋，廖承志在追悼会上致辞。

陈毅在吊唁的时候发自肺腑地说:"陈嘉庚先生是一个有骨气的中国人。作为华侨领袖来说,他是一个杰出的爱国主义者,追随革命,善始善终,值得后人学习。"8月15日首都各界举行公祭,公祭结束后,灵柩南运,专车经过的许多城市,当地党政部门和归国华侨都到车站献花圈致祭,最后在集美鳌园举行了隆重的安葬仪式,陈嘉庚永息在鳌园中。

陈嘉庚是一个重要的历史人物,他的影响远远超出了国界,不仅中国内地人尊敬他,而且华侨和海外华裔也尊敬他。他的精神在海内外都将永放光芒。

陈嘉庚把毕生精力献给了国家,献给了中华民族,

棉兰华人1961年举行追悼陈嘉庚大会

陈嘉庚纪念馆

他为中国教育事业的发展作出了不可磨灭的贡献。

在中华民族灾难深重的时代,许多炎黄子孙都在为国家的兴旺强盛奋力奔波,流血流汗,陈嘉庚是其中的一名典型代表。他办实业、兴教育,历尽坎坷,壮心不已,克勤克俭,献身祖国,他以一颗赤诚的爱国之心,赢得了人们的爱戴和尊敬,永远值得我们学习。

陈嘉庚一生经历了长期复杂的历史阶段,集政治,经济,文化教育,社会活动诸方面的大成,形成了一系列的高贵品质和崇高精神,统称为"嘉庚精神"。

嘉庚精神的基本含义是丰富多元的,既含有他所服膺向往的轻金钱重义务,诚信果毅,疾恶好善,爱国爱乡诸点，也包括他所倡导和身体力行的艰苦创业，倾资兴学，刚直无私，勤勉俭约等。

　　陈嘉庚具有强烈的爱国主义精神和崇高的民族气节，他是一位赤诚的爱国者。他终其一生，全力支援祖国的革命，抗战，复兴的活动。因此，爱国主义是嘉庚精神的本质特征。有人诚心向陈嘉庚请教企业经营之道，他回答说："有两条。一是要有祖国做靠山；二是要有经济的眼光，还要有政治的眼光。"陈嘉庚这两条经验，是他

嘉庚风格建筑

在海外经商几十年的心血结晶。

陈嘉庚的倾资兴学，培育人才的可贵精神，最为世人所称道。他对教育事业的追求，热诚刚毅，百折不挠。他倾资兴学数十年的沧桑历程，集中体现了他的无私奉献，一生为社会服务的牺牲精神，这是嘉庚精神的重要体现。

人们永远记住陈嘉庚的名字，是由于他为国为民所

陈嘉庚著作《新中国观感集》

做的贡献，由于他崇高的人格风范，人们怀念他，崇敬他，追随他，"陈嘉庚"也由一个名字变成一种事业，一种精神。这种文化现象是民间的、自发的，把科学成果以"嘉庚"命名，如嘉庚星、嘉庚鱼、嘉庚水母。在公共场所敬立陈嘉庚雕像。把建筑、机构等以嘉庚命名：如在厦门有嘉庚路、嘉庚学院、嘉庚医院、嘉庚体育馆、嘉庚图书馆、嘉庚楼群、嘉庚湖；在泉州有嘉庚纪念堂；在广州有嘉庚纪念中学；在美国加州有陈嘉庚化学楼。以嘉庚命名组织、基金会、奖项，如陈嘉庚国际学会、集美陈嘉庚研究会、集友陈嘉庚教育基金会、陈嘉庚（科学）奖、嘉庚杯国际龙舟赛。集美大学等学校开设《陈嘉庚》课，集美大学诚毅学院还开始尝试把陈嘉庚请进英语课堂；各校的学生义务导游团组织、嘉庚学习小组非常活跃。这一切直接向下一代传输嘉庚精神，让下一代直接感受、实践嘉庚精神。

1990年3月11日，国际小行星中心和小行星命名委员会将中国科学院紫金山天文台1964年发现的第2963号小行星命名为"陈嘉庚星"，以表彰陈嘉庚对教育事业的杰出贡献。